乡思
福建长乐老照片选

主编 蒋滨建

海峡出版发行集团 THE STRAITS PUBLISHING & DISTRIBUTING GROUP
福建人民出版社 FUJIAN PEOPLE'S PUBLISHING HOUSE

图书在版编目（CIP）数据

乡思：福建长乐老照片选 / 蒋滨建主编. —福州：福建人民出版社，2017.12

ISBN 978-7-211-07878-3

Ⅰ.①乡… Ⅱ.①蒋… Ⅲ.①风俗习惯—长乐—摄影集 Ⅳ.①K892.457.4-64

中国版本图书馆CIP数据核字（2017）第317220号

乡思
XIANGSI
——福建长乐老照片选

主　　编：蒋滨建
责任编辑：林俊杰
出版发行：海峡出版发行集团
　　　　　福建人民出版社　　电　　话：0591-87604366(发行部)
网　　址：http://www.fjpph.com　　电子邮箱：fjpph7211@126.com
地　　址：福州市东水路76号　　邮　　编：350001
经　　销：福建新华发行（集团）有限责任公司
印　　刷：福州德安彩色印刷有限公司
地　　址：福州市金山浦上工业区B区42幢　　邮　　编：350007
开　　本：889毫米×1194毫米 1/12
印　　张：11.33
字　　数：228千字
版　　次：2017年12月第1版　　2017年12月第1次印刷
书　　号：ISBN 978-7-211-07878-3
定　　价：80.00元

前　言

长乐，自古就有“海滨邹鲁、文献名邦”之美誉。春秋时期吴王夫差和三国时期吴主孙皓均在此屯兵造船，所以别称“吴航”。她建县于唐武德六年（公元623年），历史上涌现出11名状元、955名进士。汉代名医董奉在此演绎杏林春暖，唐代高僧百丈怀海禅师在此创建清规戒律,明代伟大航海家郑和从这里下西洋。这里还孕育了“珠算鼻祖”柯尚迁、“一代才华”郑振铎、“文坛祖母”冰心、书画名家陈子奋、著名导演陈凯歌等一大批名家大师。1994年长乐撤县设市，2017年撤市设区，是全国首批沿海开放城市和著名侨乡。

老照片是历史的缩影，记载着社会变迁和百姓生活。随着光阴的流逝，记忆中的长乐渐行渐远。为见证岁月、承载历史，让长乐人共享一份独特的文化记忆，激发民众热爱家乡的情怀。2017年初，由中共长乐市委宣传部等单位共同主办、蒋滨建文化工作室承办的“乡思——长乐老照片展”在长乐市博物馆隆重开幕。展出清末到改革开放初期的老照片400多张，时间跨度100余年，分为“古城印记”“民国旧影”“革命建设”“时代楷模”“城乡教育”“农业水利”“人文民俗”等七个部分，生动记录了长乐的古城街景、生活服饰、乡土风貌等方面的百年历史变迁。其中不少老照片是西方人在中国拍摄的，是极其珍贵的历史影像资料。

展览期间，海内外长乐人和社会各界友好人士踊跃参观，反响热烈。现应大家的倡议，将老照片编撰成书，以飨读者。在这本书里，请您和我们一起走进长乐这座古城的昨天，追寻历史的轨迹，触摸岁月的印痕，探访吴航这座历经沧桑而又充满生机的千年古邑。

序

随着光阴的流逝，记忆中的长乐渐渐远去，老照片作为弥足珍贵的历史影像资料之一，是历史永恒的凝固，见证岁月，承载历史，是长乐人共享的一份独特的文化记忆。长乐老照片真实记录了长乐社会发展进程中，近一个多世纪以来难忘的岁月。一张张老照片诉说这片土地曾经的过往，为我们揭开历史的神秘面纱，从不同角度展现了那个年代的特定事件、民生热点、风土人情和地域风貌。

这些珍藏的时代记忆是历史瞬间的定格，具有很强的视觉冲击力，能直观地把人带回照片中的年代，以窥见长乐百年历史变迁的脉络。老照片吸引了众多市民关注与怀旧的目光，让人们直观了解长乐的百年历史，从而激发更多长乐人爱国爱乡的情怀。

长乐是生我育我的家乡。这些家乡老照片见证长乐人艰辛沧桑和自豪的奋斗史。让市民穿越时空，了解长乐百年间的家国命运、社会变迁、乡土风貌、物质精神的追求等方方面面。让更多的人看到长乐的过去，以及不同历史时期的时代特征和丰富的社会信息。老照片也勾起我对家乡美好的儿时记忆。

作为军人和记者出身的蒋滨建，一直以军人的作风与记者的思维做人做事。近年来，在致力于闽台海防研究的同时，他千方百计在海内外征集文献史料，为家乡征集了一批批珍贵的文献与老照片。

蒋滨建文化工作室成立两年多来，为福建和家乡的宣传与文化作出了突出贡献。2017年春节，由中共长乐市委宣传部主办、蒋滨建文化工作室承办的“乡思——长乐老照片展”影响极为深远，引发海内外长乐人的互动与共鸣，让我和在京的乡亲们都为之动容。开展至今短短两个月便有一万多人参观了展览，是因为它用相片永远留住了乡愁记忆，呈现出过往长乐历史进程与环境变迁，让人们的乡愁有了安放的地方。

征集这么多长乐老照片，举办这么大型的展览，有这么多人参观互动，而且还由福建人民出版社出版这么高规格的画册，这是长乐又一项重要的宣传文化工程，意义十分重大。感谢蒋滨建文化工作室为家乡人民又办了一件大好事，这是中共长乐市委宣传部献给家乡的一份厚重的文化精品。

我深爱家乡这块充满大爱与温暖的神奇土地。 几十年来尽管我远离家乡，但我依然眷恋这片土地，一直关注家乡的发展与进步，越年迈就越怀念我的故乡。这本《乡思——福建长乐老照片选》，是解我思乡之苦的佳酿！将长乐特定文化传承下去，并唤起海内外长乐人的共同记忆，真是很有意义的事情！我相信它一定会引发更多长乐人的乡思共鸣，推动宣传文化大发展。希望此书能成为长乐生动的乡土教材，进机关、进图书馆、进校园、进乡村（社区），让更多的人了解长乐的过去，牢记历史，传承优秀文化，让长乐历史文脉永久传承。希望更多的家乡人民看到此书，继续解读宣传百年长乐老照片背后的故事，激发我们热爱家乡建设家乡的情怀，汇聚正能量，为建设机制活、产业优、百姓富、生态美的新长乐而努力奋斗。

中国工程院院士 王任享

2017年5月13日于北京

目录

/CTS.

古城印记

GUCHENG YINJI

往事如烟，岁月如歌。海滨邹鲁，文献名邦。作为郑和下西洋舟师驻泊港的长乐，如今是一座正在崛起的现代化城市，历史长河中的每个时代风雨都在长乐留下了自己的印痕。这一张张老城旧影，是光与影的记录，更是对远去岁月的眷恋与回望。回眸中，一幅幅尘封的老照片，引人追忆，令人深思……

清末的长乐城区（福建省档案馆供图）

1909 年的长乐城区（藏于美国耶鲁大学图书馆）

1915 年的长乐城区
（藏于美国耶鲁大学图书馆）

1901 年的奎桥（藏于美国耶鲁大学图书馆）

西方人与长乐人在圣寿宝塔下留影，摄于 1901 年（藏于美国耶鲁大学图书馆）

1935 年的旧西关桥（陈国任供图）

1935 年的长乐塔坪山（陈国任供图）

太平港

TAIPING GANG

长乐太平港是长乐西北门户，曾是长乐城西浮峰山的一个环形深水古港，历来为军事要冲，历史上有“吴王造船吴航头”之谓。太平港周边高山屏峙，可以阻挡台风和东北风的侵袭，是一处天然的避风良港。相传春秋时期，吴王夫差就在这里造船制舶。三国时期，吴主孙皓也曾派遣太守在此兴办水运。因此，长乐别名吴航，又称航城，简称“航”。太平港优越的地理位置环境，是明代郑和船队与清代八旗水师先后选择此地的重要原因之一。太平港是郑和出使西洋、驻泊舟师、休整补给、招募水手、伺风开洋的锚地。永乐七年（1409年），郑和为祈求往返航行太平安顺，将此母港奏请朝廷命名为“太平港”，有“为万世开太平”之意，称呼沿袭至今。明代中叶以后，由于海水冲积及泥沙的淤塞，逐渐形成了一片坦荡的平原。如今，太平港尽管仍是长乐的主要水路港口，但已远非昔日可比。

1983 年的长乐太平港全景（陈国任摄）

1900 年之前的长乐太平港（藏于美国南加州大学图书馆）

长乐县城西边的风景——汾阳溪，摄于 1923 年（藏于美国南加州大学图书馆）

圣寿宝塔

SHENGSHOU BAOTA

圣寿宝塔，又称雁塔、三峰寺塔，位于长乐吴航镇南山（塔山）。北宋哲宗绍圣三年（1096年）始建，徽宗政和七年（1117年）竣工，塔身八角七层，仿楼阁式建筑，石构，高27.4米，塔内有石梯，可以登至塔顶；各层的塔壁浮雕及壁龛内的圆雕，多取材于佛教故事，造型生动，神态逼真。在此塔第七层的塔壁上，有"圣寿宝塔时政和丁酉十一月二十三日圆满"的刊石刻铭，是研究宋代建筑石雕艺术的珍贵实物。自明万历三年（1405年）起，郑和七次率船队下西洋，累次驻舟师于塔下的太平港，该塔成了郑和登高俯瞰港口与船队的瞭望塔，也是出洋舟师进出太平港的航标塔。该塔是如今唯一耸立于南山的与郑和有关的遗迹，是研究郑和下西洋及其宗教信仰的重要实物资料。1961年5月，圣寿宝塔被公布为第一批省级文物保护单位，2006年6月又入选全国重点文物保护单位名录。

1967 年初，长乐县机关干部在圣寿宝塔留影（林耕供图）
◎后排左起：邱仁魁、阮文玉、李宏朗
前排左起：林耕、周肇、王福利前

1972 年长乐县机关干部在圣寿宝塔留影（蒋雨富供图）

1973 年张善贵等长乐文史界人士考察圣寿宝塔（张五敏供图）

1970 年，民众在圣寿宝塔留影（柯达仁供图）

1967 年初，长乐县机关干部在圣寿宝塔留影，背景为革命烈士纪念碑（邱仁魁供图）

为保护千年古塔，长乐县人民政府于1983年耗资6.8万元对圣寿宝寺塔进行保护性修复。1984年10月1日举行竣工仪式。

圣寿宝塔

SHENGSHOU BAOTA

圣寿宝塔正在修复中，摄于1983年（陈国任摄）

方庆云、杨孝祥、黄大洛、范国基等在圣寿宝塔修复工程竣工典礼上（蒋滨建摄）

在修复竣工典礼现场表演的西关大队舞狮团(蒋滨建摄)

在竣工典礼现场参加活动的民众（蒋滨建摄）

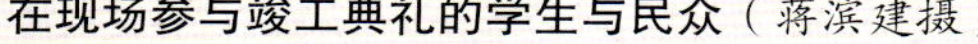
在现场参与竣工典礼的学生与民众（蒋滨建摄）

修复后的古塔塔顶，摄于1983年（林惠玉摄）

1963 年的长乐县人民礼堂与展览馆，展览馆后改为干部招待所（陈国任摄）

1963 年，长乐县机关干部在新建成的长乐县人民礼堂前留影（蒋雨富供图）

1962 年，郭崇海、贾鹤龄、王一炜等与子女在长乐县人民礼堂大门前留影（郭少剑供图）

县政府

xian zhengfu

1956 年，机关干部在长乐县人民委员会大门前留影（蒋雨富供图）

◎左起：林兆灼、郑守樵、徐文彩、吴其光、林桂香、陈杏宝、陈应铨、腾福蒙、郑师程、林英权、王煌官、陈宝铃（下蹲者）、高鸿铨、蒋雨富

1955 年 10 月 11 日，长乐县人民政府全体同志留影（蒋滨建供图）
◎第一排左起：陈莺桃、陈鸿浦、黄贞镜、陈明清、郑哲绥
第二排左起：丛和滋、程秀玉、玉珍、许述芬、马景堪、陈静仪
第三排：左五郑枝仁、左六潘周安、左七冯孟良、左八石景涛、左九蒋良贵、左十陈利杰
第四排：左一于泽、左六徐文彩、左十一陈耀、左十三邱玉荣
第五排：左四王通贤、左五陈宝玲

老照片反映出 20 世纪 50 年代长乐县人民政府的历史面貌。当时全县政府机关人员近 60 人，县政府机关设秘书室、档案室、通讯、收发、民政、工商、农林水产、手工业、财政科、教育等部门。一人身兼多职。精美的木构造六角亭建于何时待考，其前的青石莲花柱子底座系珍贵文物，初步考证属于唐代文物。

县政府

xian zhengfu

1962 年，机关干部在长乐县人民委员会大门前合影（邱仁魁供图）

1953 年春节，长乐县人民委员会农业干部留影（高鸿安供图）

1956 年，长乐县机关干部在王伯秋办公楼前留影（蒋雨富供图）

1961 年前后的长乐县医院全景（陈国任摄）

县医院

xian YIYUAN

县机关干部在停放在县医院门诊大楼前的小汽车边留影（李孝水供图）

1962 年前后的长乐县医院门诊部（陈国任摄）

河下街

HEXIA JIE

长乐河下街位于吴航头，是全县商贸繁华地带。经旧城改造后，这里成为高楼林立、商贾云集之地。

1985 年前的长乐河下街（陈国任摄）

1985 年前的长乐河下街（陈国任摄）

1985 年前的长乐河下街（陈国任摄）

长乐自古以来就是“海上丝绸之路”的重要交通枢纽和门户，公元 1405 年至 1433 年，明朝组织了七次规模空前的远洋航行和官营贸易，即“郑和七下西洋”。郑和率领庞大船队在长乐伺风开洋，开辟了有史以来航程最长的远洋航线。郑和船队在长乐留下的光辉足迹，形成长乐独特的航海文化，深深影响了一代又一代吴航儿女。他们在海上丝绸之路上乘风破浪，漂洋过海，闯荡四方，在世界各地留下拼搏的踪影，见证海上丝绸之路的辉煌历史。

海丝之舟

HAISI ZHI ZHOU

从马尾看长乐营前，摄于 1906 年（藏于美国耶鲁大学图书馆）

长乐营前江面的船只，摄于 1935 年（藏于美国耶鲁大学图书馆）

长乐营前海关载牛的小货轮，摄于 1930 年（藏于美国耶鲁大学图书馆）

1917 年的琴江八桨船坞（林茂玉供图）

琴江一带的疍民，摄于 1903 年（藏于德国国家图书馆）

闽江下游的疍民，摄于 1903 年（藏于德国国家图书馆）

琴江水师

QINJIANG SHUISHI

明代长乐太平港是朝廷遣郑和水师远航的良港，清代再次成为朝廷的海防要地。“台海弃取所关甚大，弃而不守尤为不可”，康熙皇帝一锤定音，遣施琅收复台湾。雍正皇帝登基伊始，即命 513 名行营旗兵携眷进驻长乐洋屿，组成“福州三江口水师旗营”，与省城旗营水师驻军，每年八个月分八班，常年在长乐太平港口琴江江面上进行水操、船操演习。春秋两季定期沿台湾海峡巡防东海洋面各一个月，与戍台班兵内外相表里，战略防御管护海峡东岸列岛，“其势足以镇，其力足以制”，很好地完成了风力时代“树威绝岛，柔远重洋”的历史使命。与明代郑和水师海权海丝文化一脉相承。水师旗营几乎参与东南海疆所有重大的军事行动，是清代海上战略核心力量，是清代海上丝绸之路的保卫者。

1870 年的琴江村（郑巧蓬供图）

中国第一水中兵寨——长乐圆山水寨，1872 年英国摄影家汤姆森拍摄

琴江水师旗营、闽安水师、督标水师等每年在福州三江口营前江面举行大型船操合练常态化演习，1866 年英国摄影家拍摄

营前是长乐西部门户，是福州、长乐水上交通要冲。临江的伯牙潭曾是西方人的势力范围。当时，这里有美国人设立的教堂、布道所、妇女圣经班等，俨如一个小“租界”。省海关、省水上警察局也在这里设立办事处和分局，当年英国人在营前伯牙潭所建的海关楼遗址如今还在，是福州开放门户的历史见证。

1890 年，美国公理会在营前设立站点，创办教学机构，传播西方知识，后到长乐城关创办学校、医院等（郑巧蓬供图）

营前海关

YINGQIAN HAIGUAN

营前海关是长乐作为福州重要的通商口岸的历史见证，摄于 1990 年（郑巧蓬供图）

1930 年长乐妇女与西方人在伯牙潭合影（郑巧蓬供图）

1930 年长乐妇女在营前伯牙潭合影（郑巧蓬供图）

20 世纪 30 年代福建孤儿院师生考察营前伯牙潭（郑巧蓬供图）

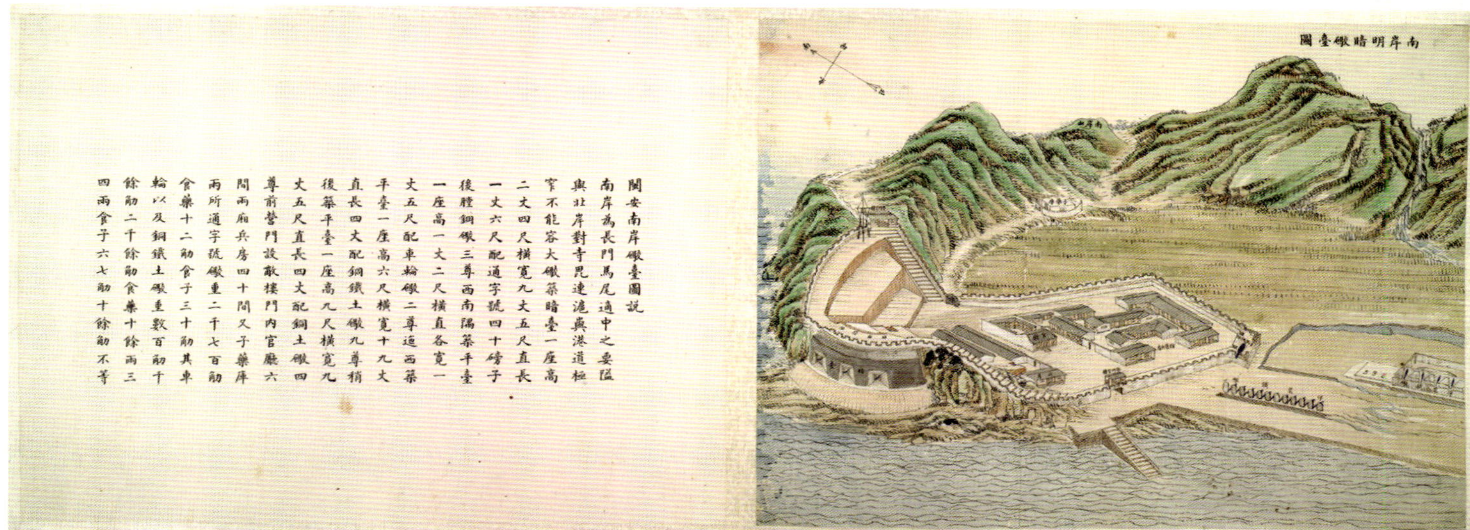

閩安南岸礮臺圖說
南岸爲長門馬尾適中之要隘與北岸對寺毘連滬嶼港道極窄不能容大礮築暗臺一座高二丈四尺橫寬九丈五尺直長一丈六尺配通字號四十磅子後膛銅礮三尊西南隅築平臺一座高一丈二尺橫直各寬一丈五尺配車輪礮二尊迤西築平臺一座高六尺橫寬十九丈直長四丈配銅鐵土礮九尊稍後築平臺一座高九尺橫寬九丈五尺直長四丈配銅土礮四尊前營門設敵樓門內官廳六間兩廂兵房四十間又子藥庫兩所通字號礮重二千七百觔食藥十二觔食子三十觔其車輪以及銅鐵土礮重數百觔十餘觔二千餘觔食藥十餘兩三四兩食子六七觔十餘觔不等

1886 年长乐南岸炮台舆图（藏于北大图书馆）

◎长乐南岸炮台与亭江北岸炮台对峙，扼闽江下游之“咽喉”，为清朝与民国时期闽江口重要军事要塞。该炮台背靠南岸山，有营门望楼、子药库（弹药库）、暗炮台、洋装铁炮、防营兵房、兵房、官厅、码头等系统配套设施，完善的军事设施，沿江配置众多的火炮，具备强大的炮火配置和防卫能力。小炮、车轮炮、洋炮等等大小火炮18尊，官厅6间，兵房40间，弹药库2所，统辖炮台为正三品官员。

1880 年的闽海关（藏于英国布里斯托图书馆）

1890 年的长乐南岸炮台（藏于英国布里斯托图书馆）

1973 年，张善贵等长乐文史界人士考察长乐六平山上的摩崖石刻（张五敏供图）

1975 年，长乐政协文史界人士在六平山考察摩崖石刻（张五敏供图）

1939 年的龙门村长乐瑜园牙科照相馆（高鸿安供图）

1968 年的长乐县城（陈应诚摄）

1896 年，建宁知县李九盛与子李新耕在长乐琴江家茉莉花园中留影（李本曾供图）

20 世纪 60 年代的长乐霞洲村（黄炳钦供图）

民国旧影

MINGUO JIUYING

1934 年 7 月，长乐县隶福建第一行政督察区，督察公署驻地设在长乐，下辖长乐、闽侯、连江、福清、平潭、罗源、永泰。民国时期，长乐成为全国模范县，王伯秋主政长乐时期拍摄的电影纪录片《新长乐文化》视频截图和民国旧照等珍贵影像资料，让人看到长乐在民国时期的辉煌历史。

1935 年，王伯秋在长乐与部下合影（王志雄供图）

1936 年 10 月 10 日，长乐县第一区署刘兼区长暨全体员警合影（福建省档案馆供图）

1938 年 9 月，长乐县第四区（营前）第一届小学运动会摄影纪念（福建省档案馆供图）

拍摄于1936年的纪录片《新长乐文化》，由上海电影公司拍摄制作，是当时长乐走在福建前列的权威历史记录。此电影胶片由王伯秋之子王弘之保存到2005年交给上海电视台纪实频道制片人陈菱。陈菱想尽办法，请电影制片厂专家精心修复电影胶片，通过白玉芳老师的努力，终于使80余年前的长乐影像重放光芒。

长乐圣寿宝塔

长乐县衙前的城门

在长乐县八角亭设立标准钟

长乐县城街道

长乐县城街道

长乐县旧城楼

高鲁（1877—1947）

1922年10月30日，中国天文学会第一届年会在中央观象台召开（前排左六为高鲁）

◎高鲁，中国天文学家。福建长乐龙门人。早年就读于船政学堂。1905年去比利时布鲁塞尔大学留学，后来获该校工科博士学位。高鲁是一位关心祖国命运的爱国者，1909年追随孙中山参加同盟会，1911年回国，辛亥革命后任南京临时政府秘书，不久任中央观象台首任台长。1922年发起成立中国天文学会，并任首任会长。1927年筹划建立南京紫金山天文台。

林建章（1874—1940）（郑巧蓬供图）

◎林建章，民国海军上将，福建长乐泮野人。1937年上海沦陷，日伪威逼其出任伪职，他誓死不从，后忧愤成疾在上海去世。

蒋斌（1890—1937）（蒋桢供图）

◎蒋斌，福建长乐屿头人，民国陆军中将。民国总部交通处长兼东北军、电台总台台长和西安电信局局长，在中国现代电信史与铁路交通史上建立了不朽的功勋，完成了西安事变通电任务，是福建海陆两栖爱国将领。

20世纪30年代林继柏夫妇合影（郑巧蓬供图）

◎林继柏（1911—1970），福建长乐洋屿人，1924年考入福州海军艺术学校，1931年留学英国皇家海军学院，1944年赴民国接收中山轮，1947年任联合国救济署上海物质供应局船舶处专员，该局迁台后，他暂居香港。1950年驾驶北光轮回国，参加抗美援朝运输工作。1956年调南京航务专科学校任教。

崎江学校开校式合影，摄于 1920 年秋（李本曾供图）

◎曾任建宁知县的李九盛，联络数十位乡绅，多方奔走呼吁，在当时福建省代省长萨镇冰支持下，批准赎回被人购买用于开设布庄的琴江的公衙门。1916 年，66 岁的李九盛献出巨资，买下公衙门及周边的 20 亩地，献给了琴江的教育。他还捐出校场山地一块，把每年收租谷六石，充为办学专用经费。1917 年 5 月，李九盛请省教育厅批准设立公立琴江国民高等小学校，由他任校长。

黄廷枢（中）和战友在皖南抗日前线合影（黄廷枢后人供图）

◎黄廷枢，我国海商法学科奠基人，时任海军长江布雷队队长。

琴江旅省同乡会合影，前排正中李九盛（建宁知县），二排正中李心耕（李本曾供图）

中国民主促进会发起人曹鸿翥（长乐琴江人）在自家花园留影（1940 年左右）

海军旧影

HAIJUN JIUYING

1912 年，民国海军“海容”舰大副长乐人贾勤在“海琛”军舰与官兵合影

民国海军“永翔”舰上合影（二排右四为舰长长乐琴江人张曾存，二排右五为民国初年海军总长程璧光）（美国 Ebay 拍卖会供图）

民国海军中将南京要港司令长乐琴江人许建廷（右）在英国海军学校留学时与同学吴振南合影，摄于 1906 年（许俊宸供图）

1949 年 8 月，毛泽东主席在中南海接见海军初创人员（右起：林遵、曾国晟、金声、毛泽东、张爱萍、薛伯青、王真、徐时辅、蒋成玉、黄胜天）（曾国新供图）

◎曾国晟（1899—1979），福建长乐感恩村人，1939 年 6 月，出任制雷所所长兼海军布雷游击队第一、三、四、五分队总指挥专司制雷与布雷，记大功一次。翌年，筹设海军工厂任管理委员会主任委员，兼海军学校学生舰课训练班主任，培训布雷队员分赴抗日战场，曾获“抗日制雷英雄”之誉。1947 年，因不满蒋介石发动内战和打击闽系海军，与进步海军军官秘密组织“仁社”，并与中共地下组织取得联系，后加入中共地下党的红色情报站；同年 5 月，曾国晟任民国海军总司令部第六署署长晋升少将衔。1949 年 7 月起义加入中国人民解放军海军行列；8 月，与起义的国民党第二舰队少将司令林遵等一起，受到毛泽东、朱德、周恩来等的接见。

1949 年海军部分初创人员在天坛合影（右一黄胜天，右四张爱萍，右五林遵，右六金声，右三曾国晟）

1936 年陈绍宽视察“宁海”舰视频截图（左为宁海舰舰长高宪申，右为民国海军司令陈绍宽）

◎高宪申（1888—1948），福建长乐龙门人，曾先后担任民国最大最先进的战舰——“宁海”舰第一任、第三任舰长和平海舰舰长，是深受陈绍宽信任的闽系海军将领。先后担任“应瑞”“永绩”“通济”“海容”舰舰长。1932 年 9 月调任“宁海”巡洋舰上校舰长。1935 年 3 月任海军引水传习所所长。1936 年 1 月复任“宁海”巡洋舰舰长，1937 年 3 月调任“平海”巡洋舰舰长，8 月率舰参加保卫江阴海空战，腰部受重伤，仍留在驾驶室指挥战斗。1938 年 1 月任海军厦门要港少将司令。1939 年 2 月调任（桐梓）海军学校校长。1947 年 4 月调任海军总司令部第二署少将署长。

谢葆璋军服照（谢国平供图）

◎谢葆璋（1865—1940），冰心父亲，福建长乐人。光绪十年（1884 年）天津水师学堂驾驶班毕业，进入北洋舰队服役。光绪十三年初，赴德国接带“来远”舰，并留舰任职。光绪十五年初，升署右翼左营守备，充“来远”舰驾驶二副。光绪二十年参加中日甲午战争。光绪二十八年，清政府设立烟台海军练营，调谢葆璋任管带，兼任练营内附设的海军学堂监督。1913 年 4 月 7 日谢葆璋出任海军总司令处二等参谋，8 月 20 日授海军少将，调任海军部军学司司长。1917 年 7 月 31 日任海军部参事。1923 年 8 月 21 日担任海军部次长。1927 年 1 月 27 日授海军中将，3 月 26 日任海道测量局局长兼任海岸巡防处处长。1931 年辞去一切职务，闲居北京。

革命建设

GEMING JIANSHE

有多少仁人志士呼啸前行，有多少触动心弦的往事记忆犹新。长乐是江防海防抗敌御侮的前哨阵地，著名的琅尾港伏击战全歼日寇，声震八闽，正是中共地下党领导的闽中游击队演奏的动人乐章。这一切今天已化作对先辈的缅怀，对岁月的深思，对人生的感悟与继往开来的鞭策力量。

长乐江田镇南阳村是福建省委旧址，也是地下闽中游击队司令部驻地。吴航儿女具有光荣的革命传统，在抗日战争、解放战争中前赴后继、英勇奋斗，作出巨大的牺牲和贡献。

长乐革命先驱陈亨源和他的战友们（郑淑芳供图）

◎陈亨源（1901—1950），福建长乐江田镇南阳村人。抗日战争和解放战争时期，中共闽中地区党及其武装力量领导人，历任福（清）长（乐）平（潭）游击大队大队长、福清中心县委书记、福（清）长（乐）平（潭）县委书记、长乐县委书记、闽中游击支队副司令兼参谋长，中华人民共和国成立后任闽侯专员公署首任专员。利用行医之便，开展抗日统一战线工作，受组织派遣回南阳村开展工作，使南阳村成为闽中地下党隐蔽根据地，为中共福建省委迁址南阳奠定了基础。1941 年，闽海第一次沦陷，陈亨源迅即组建福长平抗日游击大队，率队转战闽中，发展为中共闽中主力武装，令敌伪闻风丧胆。

革命传统

GEMING CHUANTONG

1949 年，陈亨源（后左二）与参加解放长乐的游击队干部合影（林敬恩供图）

老游击队员陈云钦，摄于 1949 年（陈东如供图）

革命传统
GEMING CHUANTONG

1950 年 2 月 1 日，陈亨源与家人合影（林敬恩供图）

陈亨源（左）与民主人士林其吉，摄于 1932 年（郭绍章供图）

◎林其吉为长乐金峰人，20 世纪 30 年代初期，与陈亨源同在城关著名医生吴佑民处学医，感情至深。陈亨源闽北崇安县设立革命据点时，林其吉名为崇安卫生院院长，利用特殊身份，支持陈亨源革命。陈亨源在闽北还设立了与江西瑞金的联络站，林其吉充当陈亨源的忠实耳目，把革命队伍使用的枪支弹药，夹在闽北运到福州的木排中运到福州各地。

陈云钦与年轻游击员（长乐革命史馆供图）

革命传统

GEMING CHUANTONG

1950 年 11 月 3 日，诸同志在陈亨源墓前摄影纪念（长乐革命史馆供图）

送长乐县副县长陈志忠荣调福建省总工会任职合影，摄于 1950 年 4 月 28 日（陈子熙供图）

长乐革命志士在福州合影（长乐革命史馆供图）

长乐三位革命老妈妈合影，摄于 1950 年（林敬恩供图）

◎后排右黄国璋（原闽浙赣地下党省委常委、闽中游击队政委），后排左陈亨源堂弟陈亨惠，前中陈志忠母亲，前左陈亨光烈士母亲，前右陈亨志烈士母亲。

陈亨源堂妹陈美英（抗日战争中牺牲在长乐南阳）1938 年南阳留影（林敬恩供图）

革命传统

GEMING CHUANTONG

1949年8月17日，闽中一团民运队入城纪念（陈子熙供图）

◎后排左起：陈志标、罗剑光、陈文轩、郑明安、罗云屏、陈茂玉

前排左起：陈剑新、陈峰、郑樵、陈子熙、王一平、陈中植、刘杰

陈云钦等游击队员，摄于1950年（郭少剑供图）

游击队员：谢雄、陈斌、陈武（长乐革命史馆供图）

解放长乐聚会留影，摄于1949年（郑淑芳提供）

◎前排左起：林德利、陈志忠、陈亨源、石锦涛

后排左起：郑英桂、王金献、陈家茂

革命传统
GEMING CHUANTONG

曹维廉与曹维礼、曹维新，美国记者史沫特莱摄于 1941 年（贾素芬供图）

◎曹维廉（1916—1984），福建长乐琴江人。毕业于福州英华书院，参加了聂耳、冼星海等组织的抗日救亡歌咏队。后投奔新四军，是新四军电台的创建人。曹维廉不但自己参加新四军，还引导三个弟妹一起投奔新四军。一家四兄妹同时参军，在新四军中传为佳话。美国记者史沫特莱曾为此特意采访了这四兄妹，并在国外报刊发表。中华人民共和国成立后历任华东工业部电器工业处处长、国家机械工业部副部长、新华社香港分社副社长等职。他以娴熟的英语经常在国际会议上作即席发言，维护了我国和世界大多数发展中国家的正当权益。

程恒（陈瑞馥）（1907—1996）（郑春开供图）

◎程恒，福建长乐人，少时在长乐陶媛小学学习，福建协和大学毕业后，先后在南京、重庆女青年会全国协会工作，参加上海抗日救亡干部训练班。在重庆八路军办事处，邓颖超介绍她去延安参观学习。后在西安八路军办事处入伍。抗大毕业后到医科大学学医。她先后在华南纵队、热河纵队、晋察冀纵队和二纵队担任医生、卫生所长、卫生队长、卫生处主任等。她多次立功并受到上级领导的表彰和广大八路军战士的称颂，在根据地被誉为“白求恩式的好军医”。

曹维廉四兄妹中学时代与父母摄于福建，后排是曹维廉、曹维礼、曹维真、曹维新四兄妹（曹自东供图）

林准与夫人李清如

◎林准（1927—1996），长乐城关人。1948 年就读于北平辅仁大学，同年 11 月秘密奔赴冀中解放区，投身革命，进入华北人民大学学习。1959 年 4 月，奉调最高人民法院工作，历任最高人民法院院长谢觉哉、江华的秘书，研究室研究员，刑事审判庭副庭长，研究室主任等职。1982 年 5 月任最高人民法院副院长。1988 年 12 月任中共最高人民法院党组副书记。1991 年任中国法学会副会长。全国政协第七届、第八届委员会委员。

1951 年 10 月 1 日，长乐县各界人民庆祝中华人民共和国成立二周年（长乐市档案馆供图）

庆祝国庆

QINGZHU GUOQING

1951 年 10 月 1 日，长乐县各界人民庆祝中华人民共和国成立二周年

1967 年，长乐县庆祝国庆十八周年纪念大会会场（陈国任摄）

土地改革

TUDI GAIGE

1951 年 3 月 5 日，长乐县第六区凤洋乡土改工作组全体合影留念（郑宽挺供图）

1950 年 12 月 17 日，长乐县第六区土改全体干部合影（蒋滨建供图）

1950 年 10 月 4 日，长乐县城关区扩干会议摄影纪念（高赛玉供图）

石屏乡土改工作组，摄于 1950 年 12 月 1 日（高赛玉供图）

东关街土改工作组，摄于 1950 年 12 月 1 日（高赛玉供图）

1950 年 12 月 15 日，三区仙塘乡土改工作组留影（郑光供图）

土地改革

TUDI GAIGE

欢送调出支援土改同志留影，摄于 1951 年 1 月 25 日（长乐市档案馆供图）

庆祝长乐琅峰乡土改完成留影，摄于 1950 年 12 月 12 日（黄建国供图）

1950 年 12 月 17 日，东关街土改工作组留影（程元交供图）

土改工作组中的女干部，摄于 1950 年（高赛玉供图）

佩戴手枪的土改工作队员，摄于 1950 年（郑光供图）

1965 年 11 月 20 日，社教人员于白鹤合影（高赛玉供图）

1966 年 7 月 15 日，长乐建筑联社欢送社教工作队留影（柯达仁供图）

1966 年 7 月 16 日，东渡社教工作队留影（黄大洛供图）

1952 年 2 月 27 日，参加“三反”运动人员留影（黄大洛供图）

1964 年，长乐县委常委会会议留影（郭少剑供图）
◎左起：梁继庵、林涛、段世鑫、××、范国基、××、时新德、陈志忠、郑英桂、延国和、刘鸿钟、郭崇海

1978年，长乐县委召开劳模座谈会，延国和、杨孝祥等参加
（延建民供图）

长乐各界庆祝中国共产党成立三十周年纪念大会（长乐市档案馆供图）

1954 年 5 月 17 日，长乐干部参加中共闽侯地委党校 1954 年第一期理论学习结业纪念（长乐市档案馆供图）

中国共产党长乐县第一次代表大会（长乐市档案馆供图）

◎中共长乐县第一届委员会1956年5月26日至31日在城关召开，出席大会正式代表238名，列席代表49名，第一书记阎效忠、牟星五，第二书记郭天成。中共长乐县委隶属于福安地委，1959年8月又归属闽侯地委。

中国共产党长乐县第一次代表大会（长乐市档案馆供图）

党的会议

DANG DE HUIYI

1978年5月，长乐县第七届革命委员会全体委员合影（长乐市档案馆供图）

1979年12月12日，福建省第三次党代会会场前延国和、洒玉琳、方庆云等合影（延建民供图）

1979年12月12日，长乐县出席福建省第三次党代会代表延国和、方庆云等留影（延建民供图）

抗美援朝

KANGMEI YUANCHAO

1951 年 7 月 16 日，长乐各界欢迎赴朝慰问团代表大会情景（长乐市档案馆供图）

1954 年 1 月 20 日，长乐县各界人民欢迎第三届赴朝慰问团代表留影（长乐市档案馆供图）

1950 年 7 月 27 日，长乐县全体干部大会摄影（长乐市档案馆供图）

1956 年 8 月 1 日，长乐县机关干部在孔子庙泮池合影（蒋雨富供图）

1956 年，长乐县委办干部合影（高赛玉供图）

1956 年，长乐县委书记阎效忠，县委副书记袁桐林、郭万泉、崔桂祥，宣传部长郑秀茂，县委办主任杨孝祥，县委办副主任高赛玉等在县委办公楼前留影（高赛玉供图）

1982 年，中国工程院院士王任享在母校奎光阁前留影

◎王任享（1933.10.14— ），摄影测量与遥感专家。福建长乐大架人。1958 年毕业于中国人民解放军测绘学院。中国人民解放军总参谋部测绘研究所研究员、军委科技委顾问。长期从事摄影测量与遥感的科学研究工作。1997 年当选为中国工程院院士。荣获国家科技进步一等奖。长期担任“天绘一号”等多个重大项目的工程副总师，为“嫦娥一号”三维影像处理作出重要贡献，开启我国深空摄影测量的序幕。他用燃烧的激情描绘了我国卫星摄影测量的美好未来，当之无愧地成就了中国卫星摄影测量第一人的地位。

时政剪影

SHIZHENG JIANYING

1949 年 9 月 21 日，长乐县各界送俞平、西畸等同志赴平潭岛合影（长乐市档案馆供图）

欢迎华东五省卫生检查团莅临长乐县检查指导，摄于 1960 年 4 月 20 日（郭少剑供图）

1951 年 12 月 3 日，长乐县人民政府召开第一次秘书工作会议摄影（黄兆新后排左四）（黄建光供图）

1952 年 10 月 11 日，长乐县第二次秘书工作会议留影（郑守燊供图）

1953 年 10 月 25 日，长乐县第三次秘书工作会议留影（郑守燊供图）

时政剪影

SHIZHENG JIANYING

1956 年 10 月 15 日，长乐县工会积极分子代表会议青工代表留影（郑济锜供图）

1952 年 6 月 15 日，长乐三区全体干部欢送吴学敏、黄云卿、康大荣、谢祝秋同志留影（郑光供图）

1958 年 8 月 24 日，长乐县委副书记袁桐林等县委领导欢送县委书记牟星五调离长乐留影（高赛玉供图）

1954 年 5 月 21 日，长乐一区全体同志欢送高赛玉、陈容藩同志留影（高赛玉供图）

金峯區幹部歡送三七八八部隊臨別留念 1956.7.5.

1956 年 7 月 5 日，长乐金峰区干部欢送三七八八部队留影（郑光供图）

时政剪影

SHIZHENG JIANYING

1971 年 1 月 7 日，福建省首届“三代会”长乐全体代表留影（陈惠供图）

1969 年 12 月 6 日，黄大洛（前排右一）与同事合影于莆田地区（黄大洛供图）

1972 年 3 月，长乐县委常委欢送傅恩沛书记荣调（林敬恩供图）

◎前排左起：陈良金（县委常委）、陈志忠（县委副书记）、傅恩沛（县委书记）、高子源（军代表副师长）、贾吉庆（县委副书记）、陈仕清（县人武部部长）、郭鸿德（县委常委）

1952 年 12 月 28 日，欢送张副县长留影，后排中女同志为陈静仪（郑绍凡供图）

时政剪影

SHIZHENG JIANYING

1964 年，长乐县参加全国第二次人口普查全体工作人员留影（郭少剑供图）

1983 年 2 月 9 日，县委、县人大、县政府、县政协领导欢送蒋家座光荣退休留影（黄炳钦供图）

时政剪影

SHIZHENG JIANYING

1971 年 10 月 8 日，长建一社整建党宣传队合影（蒋雨富供图）

长乐县教师进修学校与军代表曾昭良合影（蒋雨富供图）

◎前排左起：黄中玲、曾昭良、郑敏春、陈素卿

后排左起：陈慰慈、蒋雨富、翁振湘、李齐品

1966 年 7 月 16 日，东渡社教工作队合影（黄大洛提供）

1966 年 7 月 3 日，长乐洋野片社教分别留念（林道球供图）

1971 年，公社干部合影（林冠志供图）

1983 年 6 月 27 日，长乐县阜山大队反走私工作队全体同志留影（黄炳钦供图）

时政剪影

SHIZHENG JIANYING

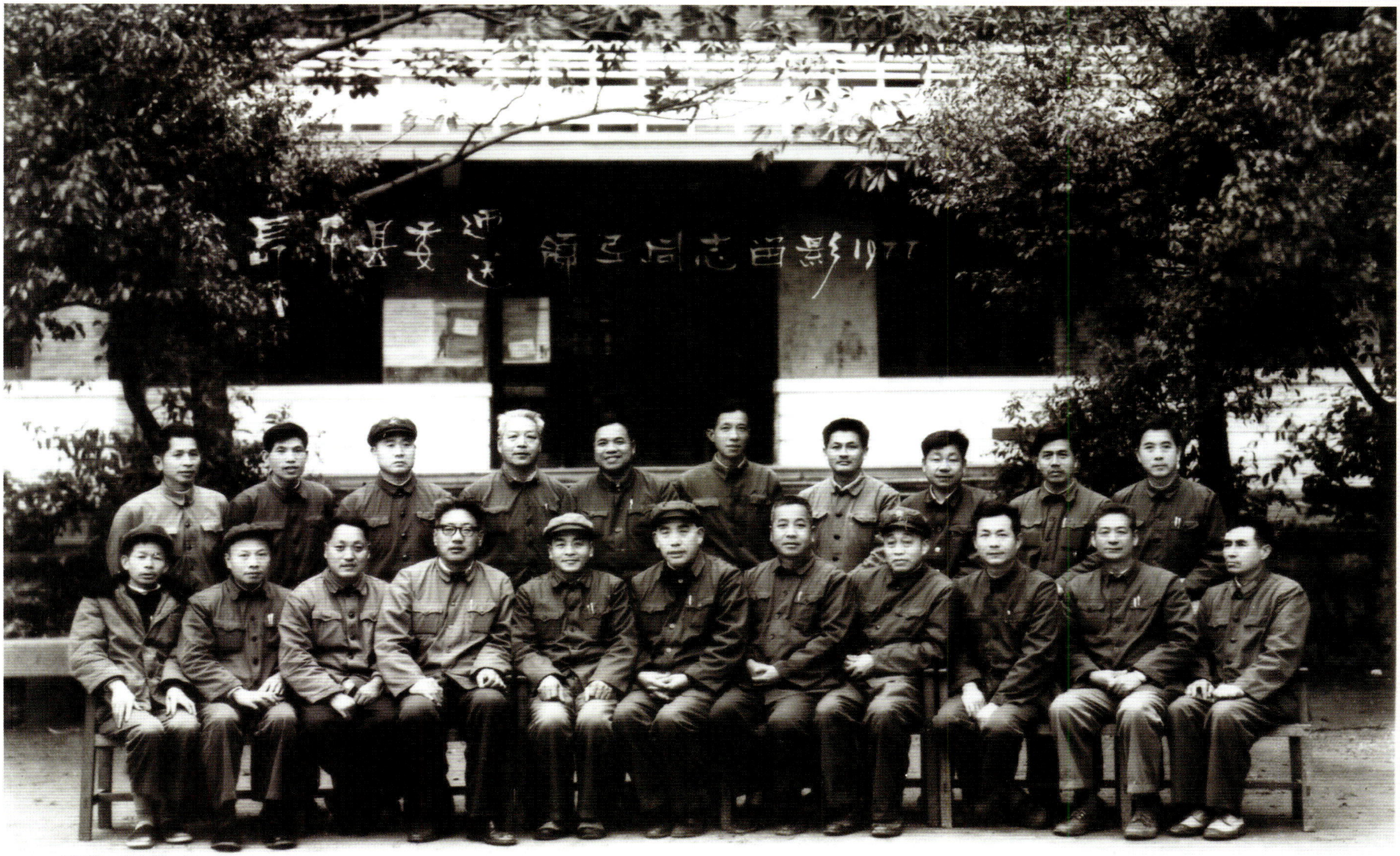

長樂照相館 Changle

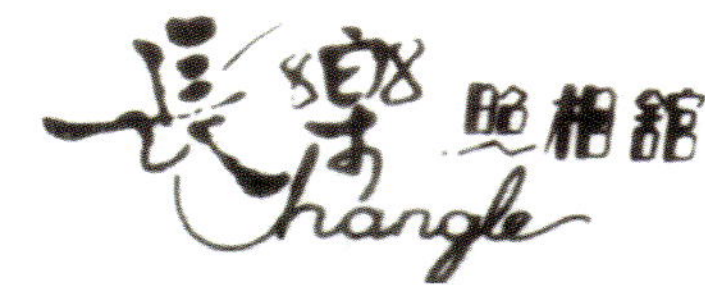

1977 年，长乐县委迎送领导同志留影（林道球供图）

◎前排左起：蒋家座、林家金、张耀南、胡鸣凤、延国和、张懋庭、潘长恒、××、××、林太德、冷维臣

后排左起：林学贵、方庆云、××、范国基、杨孝祥、林道球、邹宝官、邹宗亮、××、刘鸿钟

时政剪影

SHIZHENG JIANYING

1951 年 5 月 8 日，长乐县县区民政干部会议留影（黄兆新后排左三）（黄建国供图）

1985 年 6 月 22 日，福建省纪念郑和下西洋五百八十周年大会代表合影（刘小青供图）

1954 年 3 月 4 日，长乐第三区全体同志欢送孔宪宽指导员赴省学习留影（郑光供图）

1954 年 8 月 25 日，长乐三区全体同志欢送林区长荣调留影（郑光供图）

1984 年 1 月，欢送杨孝祥县长留念（游通杰供图）

◎前排左起：陈和铵、黄大洛、杨孝祥、陈让煊、黄兆新、林善成

中國共产党長乐县第四届委員会全体委員合影
一九七八年四月六日

1978 年 4 月 6 日，中国共产党长乐县第四届委员会全体委员合影（黄大洛供图）

◎前排右起：冷维臣、黄大洛、周永福、延国和、杨孝祥

1984 年 10 月 12 日，长乐县第八届人大常委会全体同志留影（高赛玉供图）

时政剪影

SHIZHENG JIANYING

1962 年 7 月 13 日，政协长乐县第二届委员会第一次全体会议留影（李齐品供图）

1981 年 12 月 15 日，长乐县科协第三次代表大会全体代表留影（柯达仁供图）

时代印记

SHIDAI YINJI

1966 年，陈国任绘制领袖画像。右边大的这幅画像待挂于当时长乐最繁华地段最高建筑物三楼面向解放路的外墙上，它是长乐大街上最大的也是最早挂出的毛主席大画像。左边这幅还未完工的画像后挂于当时的体育场（也称为大操场）的主席台上（陈国任供图）

1967 年，营前公社毛泽东思想宣传队合影（林道维供图）

热烈欢送应征青年光荣入伍，摄于 1968 年 3 月 20 日（刘存华供图）

1966 年 8 月 22 日，长乐县水电系统毛主席著作学用现场会全体代表合影（郑守燊供图）

时代印记
SHIDAI YINJI

长乐县机关干部在长乐工人俱乐部前手拿毛主席语录留影，摄于 1967 年 4 月 1 日（林耕供图）

1968 年，东关邻里们在长乐大礼堂前毛主席画像下留影（黄白桦供图）

戴像章的家庭照，摄于 1970 年（林宏基供图）

1966 年 10 月 31 日，长乐县中小学教师“文革”训练班工作队留影（黄建光供图）

1968 年，高晴霞（右一）读小学一年级与同学合影（高晴霞供图）

时代楷模

SHIDAI KAIMO

长乐解放以来，人民当家作主，涌现许许多多劳动模范和先进人物及先进单位，具有很强的先进性、代表性和时代性。他们是当时长乐道德品行的标杆，在长乐各条战线中发挥了示范引领作用，是一个时代的缩影。

劳动风采

LAODONG FENGCAI

1951 年 12 月 9 日，长乐县首届劳模大会纪念（长乐市档案馆供图）

1950 年 8 月，长乐县首届劳模代表会议暨欢送县劳模代表邹长根参加省劳模代表会纪念（长乐市档案馆供图）

1951 年 12 月 8 日，长乐县首届农业劳动模范大会合影（长乐市档案馆供图）

1949 年 11 月，长乐县农民协会筹委会成立大会全体代表暨各机关干部合影（长乐市档案馆供图）

1956 年 1 月 11 日，长乐县 1955 年度农业增产模范代表会议留影（长乐市档案馆供图）

劳动风采

LAODONG FENGCAI

1950 年 9 月 23 日，长乐县第二届农民代表会议摄影（长乐市档案馆供图）

1957 年 1 月，长乐县 1956 年劳模代表会议留影（长乐市档案馆供图）

1954 年 12 月，长乐县第三期林业群众训练班结业典礼纪念（长乐市档案馆供图）

1957 年 1 月，长乐县 1956 年出席省劳模会议劳模代表留影（长乐市档案馆供图）

劳动风采

LAODONG FENGCAI

1952 年 12 月 6 日，长乐县第二届劳模大会全体劳模留影（长乐市档案馆供图）

劳动风采

LAODONG FENGCAI

1964 年元旦，长乐县 1963 年社会主义建设先进单位暨先进生产者工作者代表会议全体代表在县人民礼堂前合影留念（长乐市档案馆供图）

劳动风采

LAODONG FENGCAI

长乐县 1958 年农业社会主义建设先进单位会议代表在县展览馆前留影（长乐市档案馆供图）

1957 年 1 月 24 日，1956 年度长乐县除“四害”积极分子代表会摄影纪念（长乐市档案馆供图）

劳动风采

LAODONG FENGCAI

1952 年 12 月 29 日，长乐县第二次爱国卫生工作评模大会纪念（长乐市档案馆供图）

1956 年 9 月 1 日，长乐县先进生产者工作者代表会议留影（长乐市档案馆供图）

劳动风采

LAODONG FENGCAI

1964 年 3 月 5 日，福建省 1963 年度农业先进单位和先进生产者代表会议长乐县代表合影（李孝水供图）

1952 年 11 月 16 日，长乐五区第二届农业劳动模范会议留影（黄建国供图）

1952 年 11 月 26 日，长乐五区二届女劳模合影（黄建国供图）

1978 年 10 月 15 日，长乐县第七次妇女代表大会留念（黄建光供图）
◎前排左起：蒋家座、孙兴富、杨孝祥、延国和、方庆云、邹宝官

长乐妇女佩枪留影，摄于 1972 年 1 月（郑巧蓬供图）

1965 年前后，长乐城关公社霞洲村工作队队长、省卫生厅副厅长崔华（左三）和妇女们参加劳动（刘小青供图）

妇女风采

FUNU FENGCAI

1950 年 10 月 24 日，长乐县第一届妇女代表会议摄影（长乐市档案馆供图）

1975 年 3 月 20 日，出席长乐县农业学大寨经验交流会营前公社妇女代表留影（黄建光供图）

1962 年 5 月 4 日，共青团长乐县人委支部在县政府办公楼前留影（陈明清供图）

1958 年 10 月 2 日，欢送郑英才、陈玉詪同志到钢铁战线去（郭少剑供图）

◎第一排左起：郭崇海、郑英才、陈玉詪、贾鹤龄、贾孝闽、林涛

第二排左二起：林银官、××、瑞珠

长乐县委、县政府机关工作人员 1963 年“三八”节留影（郭少剑供图）

◎第一排左起：瑞珠、陈静仪、林芝钦、陈珠英、王英

第二排左起：爱金、××、陈碧贞、程秀玉、倪芳云

第三排左二起：英珂、陈凤英、李宝钗

1979 年 10 月，莆田地区首次青年农科会议全体代表与受表彰的全国新长征突击手在长乐大操场合影留念（蒋滨惠供图）

1952 年 12 月 26 日，长乐一区首届一次团员代表大会留影（高赛玉供图）

长乐县第一次团员代表大会五区小组 1953 年元旦留影（黄建光供图）

1950 年 12 月 1 日，东关街新团员宣誓大会摄影留念（高赛玉供图）

青年团长乐县委员会全体同志 1955 年 10 月 26 日团代会留影（黄建光供图）

团员风采

TUANYUAN FENGCAI

1957 年 8 月 30 日，共青团福安地委中等学校团支部书记训练班全体同志合影（长乐一中供图）

1960 年 1 月 6 日，中央公安部四局马主任等同志来长乐视察边防工作留念（郭少剑供图）

20 世纪 50 年代，长乐县副县长、公安局局长郭崇海在公安会议上讲话（左为陈德珍）（郭少剑供图）

1965 年 12 月 29 日，南平专处全体同志与全省公安系统学习毛主席著作巡讲组同志留影（郭少剑供图）

1950 年，长乐县人民政府公安局元旦全体摄影（郭少剑供图）

1985 年，纪念“三八”国际劳动妇女节留影（蒋滨惠供图）

1983 年 1 月，长乐县公安局民警训练班全体学员留影（蒋滨惠供图）

1949 年 11 月，长乐南下干部组建长乐公安，在培青校园留影（左三为郑光福）（郑炳华供图）

1956 年 11 月 30 日，长乐县首届劳改积极分子大会（左四为副县长郭崇海，左五为县法院院长贾鹤龄）（郭少剑供图）

长乐梅花镇军民联防，摄于 1956 年（杨北钊摄）

1956 年 4 月 15 日，退伍官兵于军分区集训队临别留影（高锦官供图）

1952 年战友合影（陈潘长前排中）（陈天华供图）

1953 年 2 月 23 日，福建省长乐县公安部队成立篮球队留影纪念（高锦官供图）

农村基干女民兵合影（高赛玉供图）

1975 年，文武砂民兵骨干训练排长郑光（后排左三）与武装部部长，部队教员、学员合影（郑光供图）

地方武装

DIFANG WUZHUANG

农村基干民兵合影，摄于 1972 年 1 月 1 日（郑巧蓬供图）

民兵训练（刘小青供图）

地方武装

DIFANG WUZHUANG

1977 年 8 月 22 日，长乐一中武装基干民兵暑期训练班留影（长乐一中供图）

1975 年文武砂公社基干武装民兵合影（郑光供图）

1969 年 12 月 14 日，欢送林宏基同志光荣入伍（林道维供图）

1950 年，长乐县政协常委林庆垒将一对儿女送进军营，图为林庆垒夫妇与子女合影（林旭供图）

长乐一中宣传队（前排两军人为学校支左人员），摄于 1968 年 9 月 18 日（黄白桦供图）

地方武装

DIFANG WUZHUANG

1956 年 6 月 6 日，金峰区乡干部欢送九〇五四部队工作队临别留念（郑光供图）

广播新闻

GUANGBO XINWEN

长乐县广播站全体编播人员合影，摄于 1966 年 4 月 20 日（陈莺供图）

长乐县广播站人员合影，左起黄桂英、王丽芳、俞美春，摄于 1975 年（郑东曦供图）

长乐县广播站播音员俞美春在播音中，摄于 1975 年前（郑东曦供图）

1957 年 7 月 28 日，长乐县北京语音训练班班部工作人员全体合影（陈莺供图）

长乐县广播站播音员陈莺在工作中，摄于 1960 年（陈莺供图）

长乐县广播站人员在讨论广播新闻稿件，右起黄桂英、施修鼎、俞美春、王丽芳，摄于 1975 年 5 月（俞美春供图）

1969 年 9 月 10 日，省编播班闽侯组合影（林耕供图）

长乐男播音员高航在机房值班（他和女播音员俞美春搭档每天播清晨开始曲与长乐新闻节目），摄于 20 世纪 80 年代（高晴霞供图）

长乐文化

CHANGLE WENHUA

1964 年 2 月 22 日，闽侯专区第二届群众业余文艺会演长乐县代表队留影（林耕供图）

1980 年，莆田地区文化工作先进单位表彰大会合影（郑信森供图）

1951 年 7 月 25 日，长乐赤屿辅导区腰鼓队摄影纪念（郑金玉供图）

長乐县城关公社龙门大隊杖头木偶艺术团調演全体留影 一九七八年春节

1978 年春节，长乐县城关公社龙门大队杖头木偶艺术团调演全体留影（高鸿安供图）

1947 年 3 月 27 日，长乐县西门国术社金狮试演纪念（郑春开供图）

◎长乐是中国武术之乡，崇文尚武历史悠久。自唐代以来，民间兴起结社习武之风，百姓练武普及，御寇剿倭，誓死保卫家园国土。抗战时期又就地取材，传播扁担法、锄头法、棍杖术，全民皆兵，保家卫国，弘扬尚武精神，抗击侵略者。军民在莲花山头龙泉寺旁与日寇伪军搏斗，挥动大刀长矛，痛歼日伪军。长乐金狮是极具地方特色的传统武术项目。

长乐文化

CHANGLE WENHUA

参加 1975 年城关镇红卫居委会男女篮球代表队留影（郑绍凡供图）

1965 年国庆，县机关干部篮球队员在长乐县人民委员会门前留影（黄建国供图）

◎队员依次为董作飞（前排左一）、吴其光（前排左四）、林兆灼（后排左一）、李亨机（后排左三）、陈顺秀（后排左四）、吴季銮（后排左五）、卢永瑞（后排右一）、林学贵（后排右二）、周肇（后排右五）

1968 年 12 月 1 日，长乐县洋野金狮武术团全体学员合影（林道球供图）

1973 年国庆，长乐县委常委、洋野村党支部书记林道球与洋野乡音月楼娱乐队留影纪念（林道球供图）

长乐圣教医院（长乐市医院供图）

1946 年 9 月 18 日，长乐圣教医院欢送李院长留美纪念（长乐市医院供图）

1936 年 6 月，吴佑民家庭照（陈美珍供图）

1946 年 6 月，福建医学院第六届毕业同学合影，长乐早期女博士吴维瑛在其中（陈美珍供图）

吴维瑛（陈美珍供图）

1946 年 6 月 25 日，福建医学院第六届全体女同学留别纪念（陈美珍供图）

长乐西医引路人吴佑民医师一家，照片摄于 1949 年（陈美珍供图）

◎吴佑民开设的吴航医院，陈亨源称“是地下党员和游击队员的后方医院”。

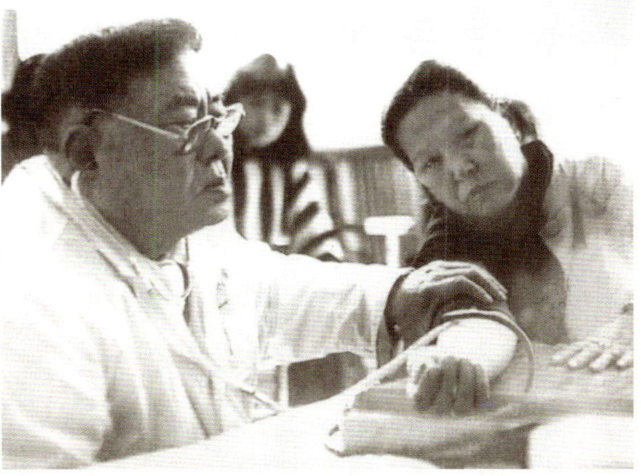

1970 年前后，长乐著名医生李庭康上山下乡医疗在罗联马厝为群众诊病（沈鸣凤供图）

医疗卫生
YILIAO WEISHENG

长乐县医院全景，摄于 1961 年国庆（刘海瑞供图）

1982 年，莆田地区福清卫校长乐分校护士专业毕业合影（前排左九为卫生局长龚俊，左八为长乐县医院院长寇亚兰，左七为卫生局副局长朱秀凤，左十为长乐县医院书记刘依菊）（刘海瑞供图）

1983 年"5・12"国际护士节座谈会代表留影纪念。背景为圣寿宝塔（前排左八为杨孝祥，左七为黄大洛，左九为陈和锬，左十为龚俊，左六为朱秀凤）（刘海瑞供图）

医疗卫生

YILIAO WEISHENG

1962 年，长乐城关医院洋屿保健站全体成员合影（王勤光供图）

1961 年端午节，长乐县医院手术室全体人员迁院留影（长乐市医院供图）

1980 年的长乐县医院化验室（郑绍晞摄）

1980 年的长乐县中医院中药房（郑绍晞摄）

1980 年的长乐县中医院中药房（郑绍晞摄）

知青岁月

ZHIQING SUIYUE

在那个年代，热血沸腾的广大知识青年，风华正茂的年轻人，肩负着青春理想，投入上山下乡的大潮之中。他们承担了历史赋予他们的角色，用青春拥抱这场从来没有过的知青岁月，在农村广阔天地中度过了人生最宝贵的青春年华。

1970 年 2 月，风华正茂的长乐女知青在闽清东桥

长乐县革委会畜牧场的女知青，摄于 1972 年 2 月（陈国任摄）

1971 年 3 月，长乐知青在闽清东桥合影

1972 年 12 月 3 日，欢送吴国平、江学贵两位同志光荣应征

1975 年 4 月 25 日，出席莆田地区知青权代会东桥代表合影

送子上山下乡，摄于 1970 年 2 月 28 日

（本版照片除署名外由贾泽民供图）

知青岁月

ZHIQING SUIYUE

1971 年，在闽清金沙公社插队的长乐女知青黄白桦等合影（黄白桦供图）

1971 年，在闽清金沙公社插队的长乐知青与闽清一中插队知青一起组织毛泽东思想文艺宣传队（黄白桦供图）

1971 年正月初三，飞雪迎春，没有回家过春节的长乐知青黄白桦等在闽清金沙公社留守巡演，在冰天雪地中留影（黄白桦供图）

1966 年，长乐县营前青年农场留影（曹自东供图）

城乡教育

CHENGXIANG JIAOYU

长乐是海滨邹鲁，文献名邦，历来重视教育。清末长乐就有教会学校，长乐的开放门户营前是最早开办教会学校的地方，随着格致学校、陶媛女校的开办，也使长乐女性有了接受教育的机会。这些老照片充分展示了一个多世纪以来长乐教育发展的艰辛历程。

1951 年 6 月 10 日，长乐初级中学并校成功（郑春开供图）

◎中华人民共和国成立后，长乐县政府接管了培青、县中、建华三所学校，并于 1951 年 6 月 10 日将其合并，定名为“长乐初级中学”，校址设在原长乐私立培青初级中学，由张端机任校长。

1951 年，长乐初级中学共设有 9 个班，学生 454 人，教职员工 37 人，1954 年改称为长乐中学，1957 年更名为长乐第一中学。

长乐一中

CHANGLE YIZHONG

1958 年 2 月 26 日，长乐一中高中第一届毕业（黎明级）暨欢送武校长赴京学习留影

1950 年春，长乐培青师生合影于白砖楼前，包括全体教师和幼稚园、小学、初中和高一学生（陈国任供图）

1950 年 7 月 1 日，长乐培青中学学生会第一届全体成员留影（郭绍章供图）

长乐一中

CHANGLE YIZHONG

1951 年 7 月 12 日，长乐培青小学全体毕业同学留影（长乐一中供图）

长乐培青中小学少年儿童队建队（郭绍章供图）

长乐一中

CHANGLE YIZHONG

1953 年 11 月 11 日，长乐中学第三届体育运动大会开幕式（长乐一中供图）

1953 年 11 月 11 日，长乐中学第三届体育运动大会开幕式少先队广播体操表演（长乐一中供图）

1952 年 12 月 6 日，长乐初级中学参加专区第一届体育运动会全体运动员留影纪念（长乐一中供图）

1952 年 6 月 1 日，长乐初级中学 181 位少年儿童队员“六一”留影（长乐一中供图）

1955 年 8 月 5 日，闽侯专区中学文艺观摩演出会长乐中学代表队合影（长乐一中供图）

1952 年 6 月 1 日，长乐初级中学团支部全体团员庆祝“六一”留影（长乐一中供图）

长乐第一中学 1965 年第十一届高中毕业班高三（1）班师生留影（长乐一中供图）

1951 年 6 月 10 日，长乐初级中学第一届学生会干部摄影（郑春开供图）

长乐一中

CHANGLE YIZHONG

1954 年 2 月 27 日，长乐中学三对新人集体结婚留影（郑春开供图）

1960 年 6 月 3 日，欢送江妹钱同学选调飞行员留念（长乐一中供图）

长乐一中
CHANGLE YIZHONG

1960 年，长乐一中高中二年制全体毕业生留影纪念（长乐一中供图）

1972 年 3 月 2 日，长乐一中七二届高中毕业生留影（长乐一中供图）

长乐一中教职员工在教学楼前留影（长乐一中供图）

长乐一中

CHANGLE YIZHONG

长乐县立初级中学 1950 年毕业班全体师生员工合影（李齐品供图）

◎前排左起：王心湖、谢善达、黄兆琛、林乐生、刘心桐、林元英、郑碧姗、陈礼稠、王亮、郑万鹏、陈让煊、××、陈贤铿、陈支忠、郑学铿、陈增焜、郑祚育、黄述炎

中排左二起：张智本、三嫂、高雪仙、王淑琼、陈克宴、刘精华、薛明星、郑敏佑、林瑞秋、欧阳利坚、陈瑞宝、刘心文、郑燕娇、林仁官、王唐煌、陈宏亮

后排左起：邱思源、郑守忠、陈贻训、郑义志、郑成暖、陈慰慈、杨立强、陈贤基、陈昭群、陈武惠、陈增松、王忠良、郑应麟、张德明、张德桐、陈恒建、郑公重、郑启苍

1950 年 10 月 28 日，欢送王铁柱同学合影（郑春开供图）

◎第一排左二起：杨春、王铁柱、柯顺钗、黄鹏翔老师

第二排左起：李光老师、陈礼谟老师、陈天霖、郑春开、郑师章、李雄、陈芗生、林朝娥、×××、张仙芝、×××、郑淑铭

第三排左起：陈圣略、陈绍敏、陈樵、陈绍根、张玉棋、×××、黄秀明、陈宝钗、刘心正

第四排左起：陈勤奇、×× 基、林道敏、陈瑞凯、林之光、陈昭耀、林驹

第五排左二起：吴宝铨、黄宏炽、张善鉴、林禹

◎说明：解放初期，为了建设现代国防，从中学招收了一些优秀学生到国防单位（称参军参干），非常光荣，举行各种形式欢送，摄影留念是其中一种。

1951 年 7 月，欢送燕尧同学参加军事干校（郑春开供图）

◎第一排左起：林朝娥、李鼎美、燕尧、郑春开、陈圣略、李雄

第二排左起：林长华、陈瑞馥、郑师章、陈万康、陈瑞凯、林光耀

第三排左起：陈昭耀、陈芗生、陈樵、陈绍根、郑淑铭

第四排左起：陈夏冠、陈天霖、陈勤奇、林道敏、郑书雄、何黎

第五排左起：李作宽、郑宝熙、刘家耀、高声华、林禹

第六排左三起：张端机校长、黄鹏翔老师、李心在

1950 年 7 月 20 日，长乐私立建华初级中学第五届毕业生全体合影（蒋雨富供图）

1950 年 1 月 8 日，长乐私立建华中学校友会第三次会员大会暨迎新大会摄影纪念（柯达仁供图）

长乐一中

CHANGLE YIZHONG

1950 年 10 月 15 日，长乐私立建华中学校友会第六次会员大会暨迎新大会表彰纪念（柯达仁供图）

长乐一中
CHANGLE YIZHONG

1948 年 6 月 30 日，在长乐建华中学校门口合影（蒋雨富供图）

1948 年，长乐建华中学师生在野外合影（柯达仁供图）

1948 年 4 月 22 日，长乐建华中学师生在野外活动合影（蒋雨富供图）

1948 年，长乐建华中学师生在野外合影（柯达仁供图）

1948 年 4 月 22 日，长乐建华中学师生在野外合影（蒋雨富供图）

长乐一中

CHANGLE YIZHONG

1948 年 1 月 1 日，长乐县立初级中学第四届毕业同学师生合影

1947 年 1 月 1 日，长乐县立初级中学师生合影

1950 年 12 月 10 日，福建省闽侯中学三上旅行队与长乐县立初级中学学生会全体师生合影纪念

1950 年 12 月 10 日，福建省闽侯中学三上旅行队全体先生与长乐县立初级中学全体教师合影纪念

（本版照片由长乐一中提供）

1948 年冬，长乐吴航中心校第二十届毕业班师生合影（陈顺章供图）

长师附小

CHANGSHI FUXIAO

1951 年 1 月 29 日，吴航中心校第二十六届全体毕业生暨老师摄影纪念（陈顺章供图）

长师附小

CHANGSHI FUXIAO

1954 年 1 月 20 日，长乐县城关中心小学第六届毕业生暨员工合影
（长乐师范学校附属小学供图）

1977 年，长乐师范附属小学师生在奎光阁前合影（郑燕娇供图）

1950 年 1 月，长乐县吴航镇中心国民学校第二十四届毕业生暨全体老师留影（陈顺章供图）

1953 年 1 月 13 日，长乐县城关中心小学第四届毕业同学暨全体老师工友合影（郑济锜供图）

1938 年 6 月 29 日，长乐县立吴航中心小学第三届毕业同学摄影留念（长乐师范学校附属小学供图）

1950 年，吴航光航篮球队合影（陈惠供图）

1952 年，长乐县城关中心小学师生合影（郑济锜供图）

长乐县城关中心小学毕业班旅行竹田留影（郑济锜供图）

1952 年，长乐县城关中心小学师生合影（郑济锜供图）

1961 年 6 月 17 日，团中央授予李齐品“先进儿童工作者”称号摄影留念（李齐品供图）

1951 年 6 月 1 日，长乐初级中学少年儿童队欢庆“六一”儿童节（长乐一中供图）

1965 年春节，长乐城关幼儿园老师和小演员合影（二排右二为著名的医学专家郑成竹）（黄炳钦供图）

1954 年 3 月 4 日，长乐县城关中心小学鼓山涌泉寺春游合影（林英祥供图）

1957 年 6 月，长乐城关幼儿园小朋友合影（刘小青供图）

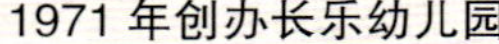

1971 年创办长乐幼儿园

1940 年，长乐学子在双溪校区（陈美珍供图）

1949 年 11 月 7 日，长乐龙门小学欢送阙老师合影（高鸿安供图）

少先队员与老师王光华合影于长乐豫园照相馆（高鸿安供图）

1958 年，长乐县城关中心小学开展比干劲劳动，赤脚推车轮上坡者为教师郑燕娇（郑燕娇供图）

1936 年，长乐女校学生课余捉迷藏（陈美珍供图）

长乐县城关中心小学欢庆 1952 年元旦（林英祥供图）

长乐县城关中心小学团支部活动，摄于 1965 年 9 月（林英祥供图）

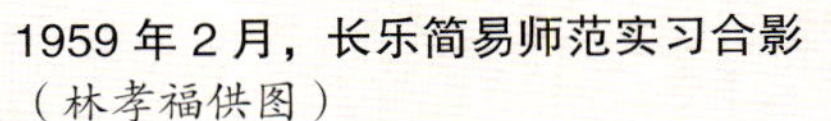
1959 年 2 月，长乐简易师范实习合影
（林孝福供图）

1956 年 1 月 20 日，闽侯专区第二期小学行政干部讲习班长乐学员留影（郑燕娇供图）

1954 年 7 月 17 日，长乐中学初中毕业班三下甲组全体同学欢送李中仁级友回乡参加农业生产留影（刘令太供图）

1953 年 7 月 13 日，长乐潭头学校全体教师摄影
（蒋雨富供图）

1959 年 8 月 21 日，长乐一中同学与校长、书记合影
（高鸿安供图）

1958 年 1 月 31 日，长乐县首次优秀辅导员代表会出席全体代表留影

1955 年 6 月 3 日，长乐县竹田小学第七届高小毕业生暨教师留影（蒋雨富供图）

1957 年 5 月 22 日，长乐县屿头小学高级班第六届师生摄影纪念（蒋雨富供图）

1963 年 5 月 15 日，长乐县漳港小学第十四届毕业生暨全体教职工留影纪念（林耕供图）

1957 年 9 月 15 日，营前中心小学教工留影（陈莺供图）

1954 年 7 月 10 日，长乐县感恩小学第二届高小毕业生合影纪念（高鼎周供图）

1955 年 4 月 1 日，中国少年先锋队长乐县感恩小学队部全体委员摄影（高鼎周供图）

农村学校

NONGCUN XUEXIAO

1959 年 10 月，东林小学毕业生合影（陈竞駷供图）

长乐琅尾小学 1965 年毕业生暨全体老师留影（陈竞駷供图）

1977 年 7 月 1 日，长乐江田中学 1977 学年度初二（2）班毕业生暨教师留影纪念（陈竞駷供图）

1973 年，长乐马厝初中班毕业生暨教师留影（陈竞駷供图）

1950 年 7 月，国民学校第一届毕业典礼留影（陈竞駷供图）

1973 年 1 月 9 日，长乐鹤上中学首届高中毕业生暨全体老师留影（魏泉金供图）

1978 年 5 月，长乐沙堤小学 78 届毕业生合影（林著建供图）

农村学校

NONGCUN XUEXIAO

长乐洋屿鹤山小学小朋友欢聚在一起，摄于 1937 年 5 月 20 日（郑金玉供图）

1951 年 7 月 29 日，长乐洋屿乡二小第四届毕业留影（郑金玉供图）

1965 年 7 月 13 日，长乐二中第七届初三（1）班师生合影（前排右七为校长刘学文，右八为教导主任李世兴）（刘海瑞供图）

长乐县洋野小学 1960 年度高小毕业班全体师生留影（林道球供图）

师资培训

SHIZI PEIXUN

1951 年 8 月 27 日，长乐县小学教师暑期训练班结训纪念（长乐市档案馆供图）

1959 年 3 月，长乐县第一期汉语拼音训练班全体学员结业留影（郑燕娇供图）

1965 年 8 月 25 日，长乐县第一期耕读小学教师训练班全体学员留影（蒋雨富供图）

1958 年 1 月 31 日，长乐县首次优秀辅导员代表会出席全体代表留影（郑燕娇供图）

1959 年 8 月 7 日，福建省首届优秀辅导员代表大会长乐代表合影（邱仁魁供图）

1952 年 11 月 26 日，长乐县速成识字法师资训练班第一期全体干学人员合影（蒋雨富供图）

师资培训

SHIZI PEIXUN

1978 年，长乐县委宣传部部长刘鸿钟和教育局、总工会领导陈和锬、陈学松与城关中心小学师生合影（郑燕娇供图）

1963 年 7 月 31 日，共青团长乐县委第六次代表大会中小学小组全体代表留念（林耕供图）

长乐普通话培训班骨干教师合影，摄于 1960 年（前排右二陈和锬、右一郑燕娇）（郑燕娇供图）

1955 年 12 月 27 日，长乐县第一期业余艺术骨干训练班（施克灼供图）

1952 年 11 月 6 日，长乐首届速成师训班七组同学结业摄影（蒋雨富供图）

1972 年 7 月 31 日，长乐县教师培训班全体辅导员合影

在外学子

ZAIWAI XUEZI

1958 年，长乐学子郑春开打破马拉松全国纪录，并获得国家一级运动员称号。图为郑春开在北京大学校庆 60 周年运动会上获万米赛跑冠军。（郑春开供图）

◎郑春开（1936— ），北京大学物理学院教授、博士生导师，原技术物理系原子核理论教研室主任，中科院近代物理研究所原子核理论研究中心客座研究员。

郑春开教授是中华人民共和国成立后第一个考入北京大学的长乐学子，并为我国核科技事业作出重要贡献。他身居京城最高学府，心系故乡，多年来，为家乡经济文化建设牵线搭桥、排忧解难，并召集号召在京乡亲为家乡建设作贡献，爱乡情怀让人感动。

1973 年 7 月 1 日，在厦门大学和厦门卫校求学的长乐籍学员留影（黄白桦供图）

三校合并后，长乐一中教学质量快速提升，考入北京高校的人数不断增多，1961 年春节郑春开召集长乐一中在北京工作学习的校友在天安门合影（郑春开供图）

长乐一中学生会学习部长郑春开在全县中小学教师大会上介绍学习经验，摄于 1953 年 12 月 29 日（长乐一中供图）

在福建农学院求学的长乐学子高鸿安，摄于 1962 年 5 月（高鸿安供图）

1957 年 6 月，福建省长乐中学 1957 年高中毕业班海啸级全体同学与老师留影（高鸿安供图）

鹤上中学运动会，摄于 1972 年（蒋滨惠供图）

这两个戴红领巾的小姑娘是黄白桦（右）与同学郑碧英，当年参加福州市中小学普通话表演获奖。学校请吃饭前，两人把筷子藏在后面，在奎光阁前月爿池旁留影。照片摄于 1962 年或 1963 年（黄白桦供图）

农业水利

NONGYE SHUILI

地处闽江口南岸的长乐曾是福建省重要的农业基地，长乐人民在这片神奇的土地上辛勤耕耘，顽强地与自然灾害抗争，繁衍生存。这些老照片真实记录了长乐农业水利的发展进程。

农业生产

NONGYE SHENGCHAN

长乐首占公社塘屿大队的社员正在插秧，所用的秧苗全部都是矮秆良种

长乐县 1964 年成为了粮食“千斤县”，1965 年又取得了三季丰收的新成绩。地、县委的负责同志正在倒种春实验田里收割

长乐人民将最好的粮食交售给国家

长乐县塘屿大队社员正在田里鉴定倒种春晚稻的生长情况

长乐县集体打谷子的农村妇女洋溢着丰收的喜悦

长乐县泮野大队社员正在打收早谷

（本版照片由长乐市档案馆提供，拍摄时间为 1965 年前后）

农业生产

NONGYE SHENGCHAN

长乐人民将最好的粮食装船交售给国家

20 世纪 60 年代长乐农村积极交售公粮的情景（黄炳钦供图）

长乐县种下了 87000 多亩大小麦，古槐公社的社员正在小麦田里除草

长乐农民使用拖拉机耕地（黄炳钦供图）

（本版照片除署名外由长乐市档案馆提供，拍摄时间为 1965 年前后）

农业生产

NONGYE SHENGCHAN

长乐县阜山大队社员正在黏质土水田里掺沙松土

长乐县古槐公社感恩大队正在给红萍母撒施草木灰以加速繁殖

长乐县委机关干部和社员在一起兴修水利

东吴大队的干部、老农和知青“三结合”科学实验小组正在鉴定自己繁殖的品种

（本版照片由长乐市档案馆提供，拍摄时间为1965年前后）

农业生产

NONGYE SHENGCHAN

长乐县洋下大队社员突击捞河泥，为春季生产备足基肥

长乐县委副书记、县长延国和与洋野大队贫农一同研究提高粮食产量的方法

长乐县江田公社的社员正在加工丰收的番薯

长乐水上运输的农民

洋野农民在田间交谈（延建民供图）

（本版照片除署名外由长乐市档案馆提供，拍摄时间为 1965 年前后）

农业生产

NONGYE SHENGCHAN

1975 年，福建省卫生厅副厅长崔华在长乐霞洲大队蹲点时与农民一起在晒谷场参加劳动

1966 年 7 月，长乐县玉田东渡大队社教工作队合影（右一为黄大洛）（黄大洛供图）

长乐县梅花公社社员在番薯田里套种蚕豆

长乐县江田公社的社员正在自力更生修建一座蓄水 12 万方的水库

长乐县鹤上公社壶井大队自办的抽水机站

（本版照片除署名外由长乐市档案馆提供，拍摄时间为 1965 年前后）

长乐十八孔水闸（高鸿安供图）

长乐农业生产场景（黄炳钦供图）

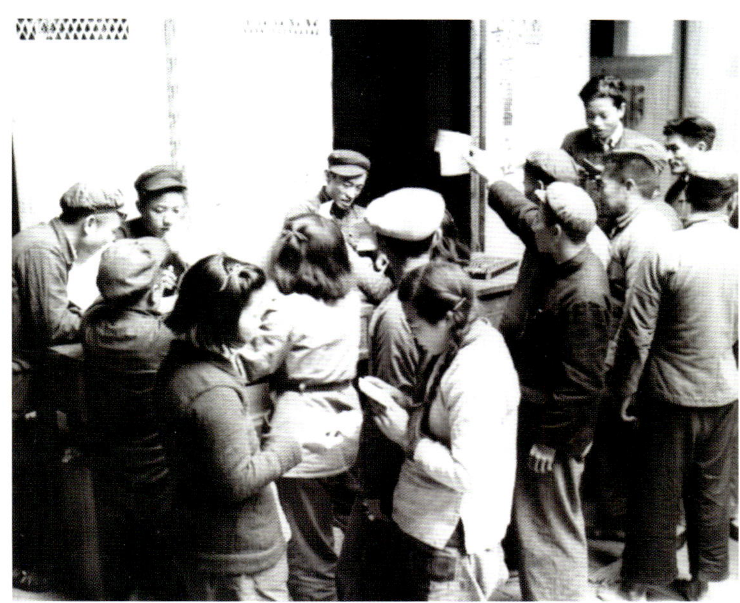

长乐沙京农民加入农村信用社，摄于 1953 年（郑巧蓬供图）

洋野港原太平港原生态水稻基地（因上洞江、下洞江在村前交汇，故“洋野水两头涨”，长乐多种植适应潮汐多次变化的特殊水稻）（林道球供图）

人民公社化后的长乐农民正在安装抽水机，摄于 1960 年（杨北钊摄）

农业生产

NONGYE SHENGCHAN

1958 年，第一任长乐海蚌试验场场长高锦官参加改造连家船福星村工作，图为在潭头福星村连家船前留影（高锦官供图）

1960 年 1 月 20 日，长乐古槐大队全体干部欢送郑天海同志留影（黄建国供图）

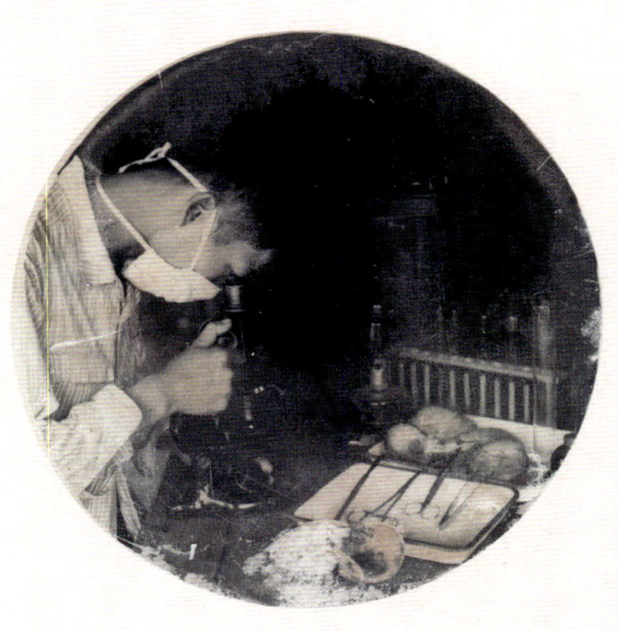

1959 年，第一任长乐海蚌试验场场长高锦官在研究海蚌（高锦官供图）

莲柄港水网是长乐的“母亲河”，莲柄港工程是福建省四大水利工程之一。开挖龙腰山，引闽江水灌溉的愿望始于宋代，因工艰费巨而止。当初长乐十年九旱，牵动官民的心，在外长乐乡贤李兆珍（安徽省省长）、陈季良（海军总司令）等倾力家乡水利建设，经十多年筹划，奔走出力，李兆珍献上卖字的大笔款项，支持工程建设。不少长乐人加入灌田局行列。此举也得到当时的海军部部长杨树庄（长乐屿头蒋氏女婿）等的支持，**1925** 年，海军当局以银圆局盈利 **30** 多万元之款，创办长乐县莲柄港溉田局，向闽厦各银行贷款。当时的福建省政府多次召开会议，决定实施空前的凿山引水灌溉工程，工程聘请国外设计人员，采取先进的开凿机械，招募上海工程队开山凿渠，开浚水道，装置机厂，凿通了龙腰山。工程于 **1927** 年 **3** 月动工，**1929** 年 **3** 月完成，使南区北山、鹤上等 **18** 村 **6** 万亩农田获得灌溉。中华人民共和国成立后水网经过不断改扩建，长乐农业年年旱涝保收，成为闽江口南岸富饶一方的乐土。

水利建设

SHUILI JIANSHE

◎ 1935 年，福建省建设厅修复莲柄港溉田水利工程，重新在一厂、二厂各安装 1 台 400 匹电动机，自峡兜架设高压线路至龙门，由福州聚圆委员会电气公司供电，灌溉农田 3.6 万亩，同时沿渠线设置溉田所。1941 年 4 月日军入侵，福州沦陷，机器被日军拆除，工程遭严重破坏。

抽水二厂工人在操作现场

农民在精耕细作，摄于 1958 年 7 月 22 日

1958 年 7 月 22 日，农民在长乐县莲柄港灌溉试验站拔丰产秧

1958 年 7 月 22 日，农民在试验田播种

（本版照片由长乐市水利局提供）

水利建设

SHUILI JIANSHE

长乐县莲柄港灌溉工程放水典礼剪彩，摄于 1952 年 7 月（长乐市档案馆供图）

长乐三溪水库能够着水一千万方，水库的悬空渠道长达九里多，全部是利用当地石头建成（长乐市档案馆供图）

莲柄港龙腰山渠段（长乐市水利局供图）

水利建设

SHUILI JIANSHE

1952 年 7 月 6 日，长乐县莲柄港灌溉区水利代表会议摄影纪念（长乐市档案馆供图）

水利建设

SHUILI JIANSHE

十八孔水闸，位于文武砂镇东海村，1956年3月开工，1957年8月建成。水闸18孔，总净宽72米，闸高6.6米，最大排洪量每秒907立方米，控制集雨面积259平方公里，保护面积9.1万亩。1990年改18扇钢筋混凝土闸门为钢板闸门。从此，确保水闸安全防汛。

长乐县文武砂围垦工程十八孔水闸基坑施工全景（黄建荣供图）

长乐县文武砂围垦工程十八孔水闸施工全景（黄建荣供图）

1957 年 7 月 25 日，长乐县文武砂围垦工程十八孔水闸侧影（黄建光供图）

水利建设
SHUILI JIANSHE

1957 年 7 月 25 日，长乐县文武砂围垦工程十八孔水闸 1600 米海堤竣工全景（黄建光供图）

1957 年，长乐县文武砂围垦工程十八孔水闸（黄建荣供图）

长乐县文武砂工程的打桩机队，摄于 1956 年（黄建荣供图）

水利建设

SHUILI JIANSHE

1956 年 7 月 27 日，长乐县文武砂围垦工程指挥部全体干部摄影纪念（黄建光供图）

水利建设

SHUILI JIANSHE

1959 年 1 月 2 日，福安专区水利现场会议徐局长在三溪水库工地向各县代表和民工报告留影

◎三溪水库是长乐最大的一座中型水库，总库容1072万立方米，面积1866.7公顷，1958年4月开始兴建，1959年竣工，投资282万元，投入劳力110.98万工日，完成土方64.94万立方米，是集灌溉、防洪、养鱼、饮水为一体的水利工程。

工人们在操作抽水设施

长乐沿海农村石灌渠

长乐沿海农村石灌渠

长乐沿海农村石灌渠

（本版照片由郑光提供）

水利建设

SHUILI JIANSHE

1959 年 1 月 2 日，福安专区水利现场会议在三溪水库工地发给奖旗会上留影

1957 年 12 月 21 日，各专区、县及省观摩代表前往长乐参观水利

肖工程师开动调节器准备开水，摄于 1957 年 12 月 21 日

1957 年 12 月 21 日，福建省水利局许副局长参观水利

长乐县黄石潮力水轮泵渠道，摄于 1957 年 12 月 21 日

（本版照片由郑光提供）

水利建设

SHUILI JIANSHE

1957 年 12 月 21 日，长乐县下洋乡水轮泵抽水典礼留影纪念（郑光供图）

1959 年 10 月 24 日，长乐三溪水库工程指挥部全体干部庆祝首期工程竣工摄影留念（郑守桑供图）

长乐第一抽水厂单机 400 匹马力卧式电动抽水机（长乐市水利局供图）

水利建设

SHUILI JIANSHE

长乐县莲柄港建设者们，摄于 1972 年（陈国任摄）

1972 年，长乐朝阳洞前留影（林敬恩供图）

◎ 1970 年在龙腰山下开凿一条长 845 米的大隧洞，名叫“朝阳洞”，并横截营前港，造 85 米长的九孔水闸一座，使营前港淡水由隧洞自流到潭头、梅花、樟港、古槐等地港道中，使之能够全日不间断地抽水，保证了长乐粮食生产年年丰收。

长乐莲柄港工地，摄于 1972 年（陈国任摄）

1962 年 1 月 20 日，长乐三溪水库参加溢洪道配套工程完工全体同志临别留影（郑守桑供图）

长乐水利人在十八孔水闸留影（郑守桑供图）

1965 年，长乐陶器厂筹建留影（前排左六为郑逸雄）（郑瑾供图）

1980 年 1 月 8 日，长乐县委书记延国和为闽江糖厂开榨典礼剪彩（郑瑾供图）

1960 年 6 月 1 日，福建省化工局干部训练班第一期合成氨技术学习班全体学员结业留影（王秋英供图）

1982 年 12 月 22 日，长乐县机器厂全体团员留影（蒋滨惠供图）

1989 年 1 月，闽江糖厂开榨剪彩典礼合影，右四为延国和（延建民供图）

福建省产品质量信得过班组——长乐县第一农械厂铣磨班组，摄于 1979 年（蒋滨惠供图）

1980 年前后，长乐县机器厂生产的磨粉机供不应求（蒋滨惠供图）

长乐县先进生产者、革新标兵陈德时留影于闽江糖厂（陈惠供图）

1961 年 8 月 12 日，国营长乐糖厂建厂初期首台发电机设备自主安装发电成功后职工合影（陈惠供图）

人文民俗

RENWEN MINSU

长乐独特的地理位置使之成为历代军事要冲。雍正六年（1728年），清政府在长乐洋屿设立福州三江口水师旗营，成为镇守东南海疆的著名军事城堡。600多名官兵携眷驻防琴江200多年，把满族文化、东北文化融入长乐当地文化中，使长乐民俗文化更加绚丽多彩。

骑射训练师旗营官兵（藏于美国耶鲁大学图书馆）

琴江城墙边水师旗营官兵（藏于美国耶鲁大学图书馆）

水师旗营抬枪射击训练（藏于美国耶鲁大学图书馆）

营前社戏演出，摄于1900年（美国传教士摄）

营前社戏演出，摄于 1900 年（美国传教士摄）

长乐罗联大坪人（姓名不详）的外祖母（左）与外曾祖母在台湾，摄于 1922 年（郑炳华供图）

长乐龙门郑碧芝 1930 年摄于长乐县瑜园牙科照相处（高鸿安供图）

长乐女大学生王秋英，摄于 1955 年（郑瑾供图）

清末民初长乐琴江赖氏女人与孩子（郑巧蓬供图）

民国初年的长乐琴江赖氏家庭照（郑巧蓬供图）

长乐琴江赖氏六兄弟合影，摄于 1896 年（郑巧蓬供图）

清末长乐琴江赖氏夫妇与小舅（郑巧蓬供图）

发髻插三把刀的长乐妇女（吴佑民母亲阮氏），摄于 1911 年（陈美珍供图）

长乐琴江李心耕、祁天顺与不知名之长者，摄于 1909 年（李本曾供图）

20世纪60年代长乐猴屿郑村成立一支乡村文艺队，自编自演文艺节目，有闽剧、剧幕、乐器演奏、十番伬等，还有样板戏《智取威虎山》《沙家浜》等（林英志供图）

1953年，长乐人广州海运局远洋船长王鼎明夫妇与4位子女在广州合影（王秋英供图）

民国初年长乐琴江赖氏夫妇（郑巧蓬供图）

清末穿马褂的郑姓长乐人，摄于福州城内卢山轩（郑光供图）

20岁的黄雪娇，摄于1921年（刘心正供图）

长乐坑田村妇女与儿童，摄于 1910 年（郑巧蓬供图）

民国初年长乐琴江赖氏父子合影（郑巧蓬供图）

1930 年中秋，长乐妇女留影（王秋英供图）

长乐骑车的母子，摄于 1957 年 8 月 1 日（郑光供图）

长乐陈氏新婚夫妇，摄于 20 世纪 40 年代（郑巧蓬供图）

长乐琴江蓝姓新娘，摄于 20 世纪 30 年代（郑巧蓬供图）

1936 年，郑作新、陈嘉坚夫妇与祖母、妹妹合影（陈嘉坚供图）

◎郑作新（1906—1998），福建长乐首占人。中国鸟类学家，中国科学院院士。1926 年毕业于福建协和大学农科生物系。1927 年和 1930 年分别获美国密歇根大学硕士和科学博士学位。历任福建协和大学生物系主任兼教务长、理学院院长，中国科学院动物研究所研究员、室主任，中央大学、北京大学等校教授，北京自然博物馆副馆长，中国动物学会、中国鸟类学会理事长，国际雉类协会会长等职。他对中国鸟类进行系统的考察和研究，曾发现中国鸟类 16 个新亚种，撰写了 1000 多万字的论文和专著。

郑作新院士与陈嘉坚结婚照，摄于 1935 年（郑怀杰供图）

1938 年，长乐高氏结婚亲属合影（高东生供图）

高锦官与陈珠英的订婚照，摄于 1952 年（高晴霞供图）

长乐琴江唐家结婚照，摄于 1940 年（郑巧蓬供图）

长乐琴江建宁知县孙女、淞沪抗战军官陈守训遗属李犀仙与儿女，摄于 1930 年（李本曾供图）

长乐军人结婚照（陈美珍供图）

清末长乐琴江张家女人（郑巧蓬供图）

20 世纪 30 年代的长乐琴江少女（郑巧蓬供图）

20 世纪 30 年代穿旗袍的长乐琴江许姓女大学生及其同学（郑巧蓬供图）

求学的长乐女大学生李维英与陈珍秀，摄于 1940 年（陈美珍供图）

当时长乐流行的拍照布景——汽车，摄于 1953 年（郑守燊供图）

当时长乐流行的拍照布景——飞机，摄于 1953 年（郑光供图）

琴江贾家母子合影

长乐龙门的孩子，摄于 1966 年（高鸿安供图）

当时长乐流行的拍照布景——火车，摄于 1956 年 11 月 26 日（高赛玉供图）

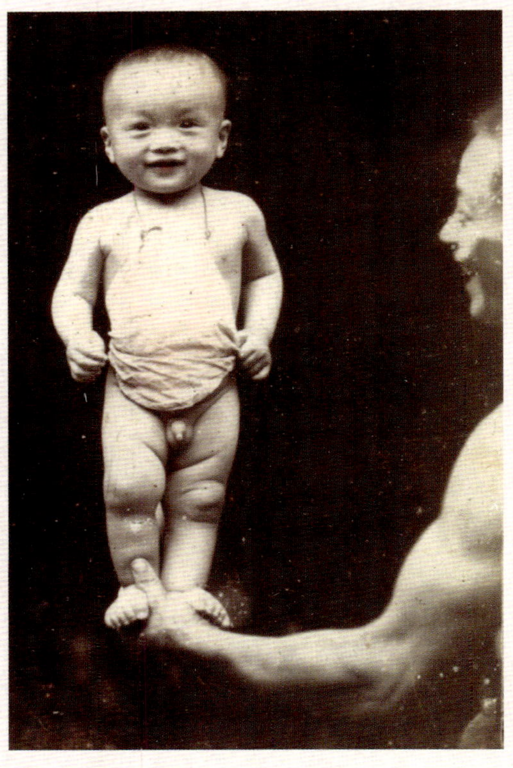

长乐龙门高尊显与儿子高云铨，摄于 1946 年（高鸿安供图）

1961 年，曹佩实一家在琴江许氏花园留影（贾素芬供图）

医学女大学生吴维英，照片摄于1940年（陈美珍供图）

少先队员，照片摄于1966年

长乐家庭照，摄于1958年12月22日（魏泉全供图）

四个月的孩子与母亲合照，摄于1956年2月1日（郑光供图）

学习雷锋的小学生，摄于1971年（陈学淦供图）

吹口琴的孩子，摄于1957年8月1日（郑光供图）

附录 “乡思——长乐老照片展”掠影

FULU

2017 年 2 月 6 日，由中共长乐市委宣传部、长乐市档案局主办，蒋滨建文化工作室承办的“乡思——长乐老照片展”在长乐市博物馆隆重开幕。这是长乐市首次举办大型老照片展，展板总长度达百米，许多大型图片极具视觉冲击力和历史穿透力。

本次展览共遴选出 353 张老照片，大部分是首次公开。展出内容涵盖海丝记忆、华侨记忆和长乐革命记忆等，时间跨度长达百年，从不同的侧面反映了长乐从清末民初到改革开放初期的历史变迁，形象生动的老照片记载了社会变迁和人们的生活，展现了长乐历史上不同阶段的社会面貌，让人们去了解、追忆、回顾那些渐行渐远的记忆，激发市民热爱家乡的情怀。

这些老照片的收集展出一直牵动社会各界的心，展出期间，有一万多各界人士参观了展览，引发持续的乡愁共鸣与互动，成为长乐少见的文化现象。从展览到出版充满了太多的感动。

福州市档案局局长林香平，长乐市委常委、福州临空经济区管委会（筹）主任王命发（时任长乐市委常委、宣传部部长），北京大学教授郑春开等领导出席了开幕仪式。这是长乐市首次举办大型老照片展（陈勋摄）

中国工程院院士王任享亲自为《乡思——福建长乐老照片选》作序。这是他在现场向长乐市委常委、宣传部长郑子毅提交写的序（段玲摄）

长乐师范附属小学 2000 多名学生参观展览（林志惠摄）

中国移动长乐分公司组织参观照片展（陈玲摄）